Bibliografische Information der Deutschen Nationalbibliothek:
Die Deutsche Nationalbibliothek verzeichnet diese Publikation
In der Deutschen Nationalbibliografie.
Detaillierte bibliografische Daten sind im Internet
Über http://dnb.dnb.de abrufbar.

Impressum
© 2021 Michaela Wallner
Grafiken: Mag. Dariusz Kochański
Lektorat: Mag. Wolfgang J. Fink
Cover- und Buchdesign: www.appbild.com

Herstellung und Verlag
BoD - Books on Demand | Norderstedt
ISBN: 9783754349397

Quellennachweis
Alle Bibeltexte: Einheitsübersetzung der Heiligen Schrift
vollständig durchgesehene und überarbeitete Ausgabe.
© 2016 Katholische Bibelanstalt GmbH, Stuttgart

Michaela Wallner

Wo bist Du, Didaskalia!

Einblicke
und
Gedanken

Inhalt

Der Leitgedanke zu meinem Buch.

Im Herbst 2016 entdeckte ich eines Abends ein etwas unerwartetes Schreiben in meiner Mailbox, in dem ich überraschenderweise dazu eingeladen wurde, an der Wahl eines Frauenrates teilzunehmen, der zukünftig dem Bischof unserer Diözese beratend zur Seite stehen solle.

Schon seit längerem beschäftigte mich ja der Gedanke, warum es für die römisch-katholische Kirche eine derart große Herausforderung zu sein scheint, auch Frauen die Tür des geweihten Diakonates zu öffnen!

Also habe ich mich kurzerhand dazu entschlossen, alle gewünschten Fragen gewissenhaft zu beantworten, damit sich die Kommission ein besseres Bild über mich als Teilnehmerin machen könne.

Eine Frage lautete: „Bitte geben Sie einen Schwerpunkt an, für den Sie sich besonders gerne einsetzen würden.".
Und so kam es, dass meine Entscheidung selbstverständlich auf das Frauendiakonat fiel!

Mit einem Klick - und relativ stolz auf mich - sendete ich mein Antwortmail inklusive Lebenslauf an jene Adresse, von der besagte Einladung für eine Bewerbung zu kommen schien. Doch dann hieß es: warten, warten ... und abermals warten; bis mir einige Monate später vonseiten der Diözese freundlich mitgeteilt wurde, dass ich wegen des Erhaltens zu weniger Stimmen nicht in den Frauenrat des Bischofs aufgenommen werden konnte!

Warum und weshalb ich die Kommission mit meinem Antwortschreiben und mit meinem Lebenslauf nicht überzeugen konnte, würde ich wohl nie erfahren!

Kurze Zeit später war es jedoch Papst Franziskus selbst, der offiziell dazu einlud, über die Diakonie der Frau innerhalb der katholischen Kirche nachzudenken.

Und was hat das jetzt mit meinem neuen Buch zu tun?

Nun: Die Worte von Papst Franziskus haben mich ermutigt, die „Rolle" der Frau innerhalb der katholischen Kirche eingehender zu betrachten; und die daraus gewonnenen Einblicke und Gedanken mit Euch zu teilen!

In diesem Sinne wünsche ich allen Lesern und Leserinnen dieses Büchleins eine spannende Entdeckungsreise durch die Geschichte der Zeit!

Alles Liebe, Eure Michaela.

Was bedeutet die Berufsbezeichnung „Diakon"?

Aus dem Altgriechischen übersetzt bedeutet „Diakon" ganz schlicht und einfach: **Diener, Helfer.**
Und im Neuen Testament findet ihr im 1. Brief des hl. Paulus an Timotheus (Kapitel 3,8-13) eine ganz gute Beschreibung dazu, welche Eigenschaften ein **Diakon** haben musste, damit er seinen Dienst sozusagen unbescholten ausüben konnte.

Ich werde jetzt hier den Text nicht zitieren, da Ihr ihn bei Interesse gerne selbst nachlesen könnt; aber einen Punkt würde ich dennoch gerne hervorheben, da in diesem angeführt wird, dass selbst die **Frau des Diakons** ehrbar sein sollte, nicht verleumderisch, sondern nüchtern und in allem zuverlässig.
Daraus ergibt sich für mich, dass der Diakon nicht nur verheiratet war, sondern in gewissem Sinne auch in Einheit mit seiner Frau dieses „Amt" ausüben sollte!

Und dann steht da noch etwas für uns Katholiken ganz Erschreckendes in diesem Brief an Timotheus geschrieben, nachlesbar in Kapitel 3, Vers 1-7!
Am Anfang des Christentums waren nämlich nicht nur die Diakone, sondern auch die Bischöfe verheiratete Männer, von denen gleichsam

verlangt wurde, dass sie ihren Kindern und ihrer Familie gut vorstehen konnten.

„Denn, wer seinem eigenen Hauswesen nicht vorstehen kann, wie soll er für die Kirche Gottes sorgen?" (1.Tim. 3,5).

Dieses „Problem", als Apostel Jesu verheiratet zu sein, stellte sich zu jener Zeit also offensichtlich nicht; deswegen möchte ich mich jetzt auch nicht länger damit beschäftigen, sondern vielmehr dieser Frage nachgehen ...
(siehe nächstes Kapitel!).

Wozu brauchte es den Diakon in der frühchristlichen Zeit?

Die Antwort darauf findet ihr in der Apostelgeschichte - in Kapitel 6, Vers 1-7.
Denn es steht dort geschrieben, dass die Zahl der Jünger stätig wuchs und die Apostel sich nicht um alle Anliegen, Sorgen und Nöte kümmern konnten, die die große Gemeinde mit sich brachte.
Also riefen sie alle Jünger zusammen und ließen aus ihrer Mitte sieben Männer von gutem Ruf und voll Geist und Weisheit auserwählen, damit ihnen diese als **Gehilfen** zur Seite stehen konnten.

Zu diesen ersten, bezeugten **Diakonen** gehörte auch ein junger Mann namens Stephanus, der nicht nur Wunder tat und große Zeichen unter dem Volk bewirkte – nein! – er wurde auch zum ersten Märtyrer, da er wegen seines Glaubens an Jesus Christus zu Tode gesteinigt wurde!
Und dieses Ereignis musste die junge christliche Gemeinde wirklich zutiefst erschüttert haben, da man Stephanus sogar ein ganzes Kapitel in der Apostelgeschichte gewidmet hat.

Was war der Grund dafür?

Durch den Märtyrertod des heiligen Stephanus brach an jenem Tag eine schwere Verfolgung über die Kirche in Jerusalem herein (Apg. 8, 1-3), aber die darauffolgende Zerstreuung der Christen in die ganze Welt führte schließlich dazu, dass die Botschaft des Evangeliums unaufhaltsam unter allen Völkern verbreitet wurde!

Der Dienst des Diakons innerhalb der katholischen Kirche.

Kurz zusammengefasst ist der **Diakon** dazu beauftragt, einen besonderen Dienst der Nächstenliebe zu leben sowie die Verkündigung innerhalb des katholischen Gottesdienstes zu feiern.

Des Weiteren wird das Diakonat vorwiegend mit einer Vorstufe zum Priestertum in Verbindung gebracht, von dem bis Anfang des 12. Jh. Familienväter nicht ausgeschlossen waren.

Ja, wenige von uns bedenken, dass, nach der Gründung der christlichen Kirche Priester und Bischöfe jahrhundertelang selbst entscheiden konnten, ob sie als verheiratete oder unverheiratete Männer ihren Dienst ausüben wollten!
Doch 1139 sollte sich dies mit dem zweiten Lateran-Konzil in Rom ändern; denn unter Papst Innozenz II. wurde kirchenrechtlich der weltweite Zölibat für alle Priester beschlossen.
Tja, und diese Entscheidung führte sogar so weit, dass bestehende Ehen für ungültig erklärt wurden!

Zur Erklärung:
Durch dieses festgelegte Kirchengesetz konnten letztendlich auch **verheiratete Diakone** nicht weiter zu **Priestern** geweiht werden und leben

deswegen bis heute ein sogenanntes **„permanentes Diakonat".**

Dabei möchte ich auch zu bedenken geben, welch großes Leid und Schmerz dieser dramatische Entschluss - vonseiten der katholischen Kirche - für die betroffenen Priester und deren Familien bedeutet haben muss ...

Das Diakonat und die Rolle der Frau.

Um das Diakonat und die Rolle der Frau besser verstehen zu können, möchte ich mit einem Satz aus dem Brief des heiligen Paulus beginnen, den er an die von ihm neu gegründete Gemeinde in Philippi verfasst hatte (vgl. Apg. 16,11 ff.):

„Paulus und Timotheus, Knechte Christi Jesu, an alle Heiligen in Christus Jesus, die in Philippi sind, mit ihren Vorstehern (Bischöfen) und Helfern (**Diakonen**)." (Phil 1,1)

Zur damaligen Zeit gab es das sprachliche Gendern ja nicht, und somit war diese Ansprache sowohl an die Männer als auch an die anwesenden Frauen gerichtet.

Doch im Brief an die Römer in Kapitel 16, Vers 1-2 würdigt Paulus sogar ganz explizit eine seiner wichtigsten Mitarbeiterinnen mit folgenden Worten:

*„Ich empfehle euch unsere Schwester Phöbe, die auch **Dienerin** der Gemeinde von Kenchreä ist: Nehmt sie im Namen des Herrn auf, wie es Heilige tun sollen, und steht ihr in jeder Sache bei, in der sie euch braucht; denn für viele war sie ein Beistand, auch für mich selbst.«*

Wenn wir also bedenken, dass **Diakon** im übertragenen Sinn **Diener** bedeutet, dann spricht der hl. Paulus in diesem Schreiben wohl eindeutig Phöbe diesen Titel zu!

Doch gehen wir jetzt in unserer Geschichte noch ein kleines Stück weiter; und zwar in das 4. Jahrhundert des bestehenden Christentums.
Die syrische Kirche bezeugt nämlich zu jener Zeit, dass die **Diakonin (Didaskalia)** ein von Frauen ausgeübter geistlicher Dienst war.
   Das heißt, dass diese Frauen in ihrem geistlichen Rang einem Diakon entsprachen und mit ähnlichen Aufgaben beauftragt wurden, wie zum Beispiel mit der Vorbereitung zur Taufe für Frauen ...

Zeugnisse aus der frühchristlichen Zeit lassen demnach darauf schließen, dass das Diakonat sowohl für Männer als auch für Frauen nicht als eine Vorstufe zum Priesteramt gesehen wurde, sondern als ein eigenständiger Dienst. (Apostelgeschichte 6,1-7)

   Und da stellt sich natürlich die Frage, warum wir bis heute ein völlig anderes Bild bezüglich des **anerkannten und geweihten Dienstes der Frau** innerhalb der katholischen Kirche vorfinden!

Ist es dem patriarchalen Verhalten des durch Jahrhunderte aufgebauten Klerus zu verdanken, der stets darauf achtete, Frauen, die Christus zu radikal nachfolgen wollten, in die Schranken zu weisen?

Wir wissen es nicht!
Aber vielleicht kann uns ja nachfolgende Geschichte von Klara und Franziskus von Assisi ein bisschen mehr Aufschluss darüber geben! ...

Franziskus und Klara - eine Geschichte aus dem Mittelalter!

Wenn ich an Franziskus und an Klara von Assisi denke, dann gibt es wohl kaum eine Heiligengeschichte, die mich in meinem persönlichen Leben mehr inspiriert und begeistert hat!

Ebenso faszinierend ist aber auch das Kleinstädtchen Assisi, das am Fuße des Monte Subasio liegend sofort den Blick und das Herz seines Betrachters auf geheimnisvolle Weise an sich zieht!

Als ich 1993 zum ersten Mal diesen Ort aufsuchte, war das Wetter zwar nicht besonders einladend; aber selbst der verregnete Oktober, der die Gässchen der Stadt liebevoll in einen sanften Nebel einzuhüllen schien, ließ mich auf unvergessliche Weise etwas von der tiefen Mystik erahnen, die Assisi bis heute umgibt.

Ja; ein wahrlich wunderbarer Boden, der selbst Filmemacher, Theaterregisseure und Buchautoren immer wieder aufs Neue dazu inspirierte, die Geschichte von Franziskus und Klara nicht in Vergessenheit geraten zu lassen!

Aber, um das besser nachvollziehen zu können, müssen wir jetzt einige Zeitepochen zurückgehen, und uns gedanklich in das wunderschöne italienische Umbrien des Mittelalters begeben!

Klara, von der ich Euch etwas später erzählen werde, erblickte dort im Jahr 1193 das Licht der Welt und wuchs als Tochter des Adeligen Ritters Favarone di Offreduccio di Bernardino wohlbehütet im oberen Stadtteil Assisis auf.

Ausschließlich Adelsfamilien lebten dort: Die sogenannten Majores! Wobei die Bürger der unteren Stadt - unabhängig davon, ob sie reich waren oder arm - zu den Minores zählten. Also zu der niedrigeren Schicht von Assisi.

Zu einer sehr gutsituierten Familie der unteren Stadt zählte ein erfolgreicher Geschäftsmann namens Pietro di Bernardone, der es mit Fleiß und Talent zu einem großen Vermögen gebracht hatte und nicht nur einen Tuchladen, sondern auch so einige Palazzi in der Stadt sein Eigen nennen konnte.

Seine Ehefrau Pica war Französin, die Pietro wohl während einer seiner geschäftlichen Reisen kennen und lieben gelernt hatte.
Sie gebar ihm zwei Söhne, wobei ihr Erstgeborener nicht nur in Abwesenheit seines Vaters zur Welt kam, sondern auch auf Picas Wunsch hin auf den Namen Giovanni (Johannes) getauft wurde.

Einige Tage oder Wochen später kehrte Ihr Mann, Pietro di Bernardone, von seiner Geschäftsreise aus Frankreich zurück; und mit ihm ein ganz besonders edler Stoff im Gepäck, der den wohlklingenden Namen: „Francesco" („Französlein") trug.

Und so geschah es, dass Picas Ehemann - wohl aus einer guten Laune heraus - von da an seinen Erstgeborenen nach diesem Stoff benannte!

Resümee dieser Geschichte:
Pietro di Bernardone musste ein äußerst eigensinniger Geschäftsmann gewesen sein, der nicht nur mit der Namensgebung seines erstgeborenen Sohnes, sondern auch mit dessen Leben seine ganz eigenen Pläne hatte!

Damit diese aber auch in Erfüllung gehen würden, müsste er Francesco lediglich die Vorzüge des hart erarbeiteten „Wohlstands-Daseins" näherbringen und sein Ego diesbezüglich fördern!

Eine gut kalkulierte Rechnung, die tatsächlich aufzugehen schien; denn Francesco zelebrierte von Jugend an wie kein anderer den Wohlstand seines Vaters.

Er liebte schöne und ausgefallene Kleidung genauso wie ausgelassene und verschwenderische Feste; wobei zu seinem größten irdischen Reichtum wohl die Anerkennung unter den gleichaltrigen Stadtbewohnern zählte!

Seinen exzentrischen Vater schienen die Eskapaden seines verwöhnten Jungen jedoch nicht sonderlich zu stören, da er Francesco von klein auf eine solide schulische Ausbildung zukommen ließ, um dessen Begabung zum Geschäft im Hinblick auf sein Erbe zu fördern.

Verglichen mit seinem jüngeren Sohn Angelo war Francesco außerdem intelligent, ein leidenschaftlicher Dichter und hatte ein für die Familie Bernardone nicht unbedeutendes Ziel vor Augen, das da lautete: Eines Tages die ritterliche Würde zu erlangen, um sich zumindest im niederen Adelstand etablieren zu können!

Doch als Francesco zur gegebenen Stunde gegen die viel überlegenere Stadt Perugia in den Krieg zog, geriet er unglücklicherweise in Gefangenschaft anstatt in den ersehnten Adelsstand! Ein schwerer und sehr einschneidender Lebensabschnitt erwartete Bernardones Sohn, der nicht nur den Entzug allen weltlichen Komforts betraf … Nein; er musste auch miterleben, wie viele seiner Mitstreiter auf sehr grausamste Art und Weise zu Tode gefoltert wurden!

Warum Francesco dieses Martyrium erspart blieb?

Die Stadt Perugia brauchte nach dem Krieg unbedingt Geld, um ihren Wohlstand aufrechtzuerhalten; also erlaubte sie Francescos gutsituiertem Vater, dessen Sohn nach 2 Jahren Gefangenschaft freizukaufen.

Ein Festtag für die Familie Bernardone, so sollte man meinen … Aber ihr zurückgewonnener Sohn hatte in dieser Zeit der Gefangenschaft nicht nur viel Schlechtes erfahren – nein, er kam zudem auch schwer krank in seine Heimatstadt Assisi zurück!

Allein dem himmlischen Schicksal blieb es nun überlassen, ob Francesco diese Krankheit überleben oder jemals vollständig von ihr genesen würde; doch die liebevolle Fürsorge seiner Mutter, ließ Francesco schon bald gegen jede Hoffnung abermals zu Kräften finden.

Ja, eine Mutter gibt ihr Kind niemals auf – und Gott tut es auch nicht, egal wie viele Fehler wir in unserem Leben begangen haben!

Francesco suchte daraufhin Antworten auf sein Leben und begann in der Bibel zu lesen; und die Erzählungen nach dem Evangelium von Matthäus veränderten derart sein Herz, die Welt zu verstehen und wahrzunehmen, dass dies selbst seinem Vater Pietro di Bernardone nicht länger verborgen bleiben konnte.

Ja; eines schönen Tages führte Francescos Sinneswandel sogar so weit, dass ihn sein verzweifelter Vater in aller Öffentlichkeit vor den Bischof von Assisi zerrte, um vor ihm die gebührende „Gerechtigkeit" einzufordern!

Würde sein Sohn nun endlich aus seinem „religiösen Wahn" erwachen und aufhören, sein Eigentum unerlaubt an Arme zu verschenken?!

Unzählige biografische Bücher erzählen bereits sehr ausführlich von diesem Ereignis und lassen uns lediglich erahnen, wie sehr dieser Prozess Pietro Bernardones Leben von da an belastet haben muss: Denn so sehr er sich seinen „alten" Sohn zurücksehnte, so sehr hatte sich dieser schon längst dazu entschieden, allen Reichtum hinter sich zu lassen, um Jesus Christus in seiner ganzen Armut bedingungslos nachzufolgen!

Und was tat Franziskus?

Er entledigte sich in Gegenwart des Bischofs seiner Kleidung und gab sie seinem Vater mit den Worten zurück:

„Bis heute habe ich dich, Pietro di Bernardone, meinen Vater genannt auf dieser Erde; von nun an will ich sagen: Vater, der du bist im Himmel."

Zur Erklärung:
Francesco hatte sich mit dieser Geste selbst enterbt, das wiederum zu einem lebenslangen Bruch mit seinem Vater führte, den er Zeit seines Lebens nicht wiedergutmachen konnte!

Pietro di Bernardones Sohn verließ daraufhin Assisi und machte sich zu Fuß auf den Weg zu einem Freund in das 31 km weit entfernte Städtchen Gubbio. Und er soll etwa ein Jahr dortgeblieben sein, um Kranke zu pflegen, zu betteln und auf Bauernhöfen mit einfachen Arbeiten zu helfen.

Der Legende nach bekehrte er an jenem Ort sogar einen Wolf, der unter den Bewohnern große Angst und Schrecken verbreitete, da er immer wieder ihre Schafe riss.

Dank Francescos Hilfe konnte jedoch ein Kompromiss zwischen den Bewohnern und „der Bestie" gefunden werden, in dem diese dem hungrigen Wolf zu essen gaben und jener dafür ihre Schafe verschonte.

Eine wunderschöne Geschichte nicht wahr? Und um diese nicht in Vergessenheit geraten zu lassen, hat man dem Wolf sogar eine Grabstätte in einer kleinen Kirche von Gubbio errichtet.

Einige Jahre später sollte sich aber auch das Verhältnis der Stadtbewohner von Assisi gegenüber Franziskus verbessern, da seine Brüdergemeinschaft stetig wuchs und bald solches Ansehen erlangte, dass er sogar im Dom des Bischofs zu Assisi predigen durfte.

Klara war zu diesem Zeitpunkt etwa 18 Jahre alt;

und als sie eines Tages zu jenen Zuhörern gehörte, die aufmerksam der Predigt des Franziskus lauschten, fühlte sie sich innerlich derart ergriffen, dass sie von da an zu ihm und zu seiner Gemeinschaft - **den minderen Brüdern** - Kontakt suchte.

Für eine junge Frau ihres Standes war dieses Sympathisieren mit Francesco und seiner Gefolgschaft aber kein leichtes Unterfangen, da sie tagsüber an der Seite ihrer Schwestern, Cousinen und anderer Frauen der Familie gut bewacht im sogenannten Frauenturm verweilen musste.

Wie sie dort die Zeit gestaltet haben mögen, das lässt sich nur vermuten ... Üblicherweise erlernten sie Handarbeiten, wie das Sticken und Nähen und wurden zudem eindringlich in der Etikette ihres Standes unterrichtet.

Das heißt:
Klara hätte sich eigentlich ernsthaft auf ein Leben als adelige Ehefrau vorbereiten sollen. Stattdessen bahnte sich jedoch eine nächste familiäre Katastrophe an ... Dieses Mal im oberen Stadtteil von Assisi.

In der Nacht vom 18. auf den 19. März 1212 verließ Klara im Geheimen und tief entschlossen ihr wohlhabendes Elternhaus, um im Schutz der Dunkelheit in die Ebene in einen nahegelegenen Wald zu eilen bis sie endlich das schützende Kirchlein namens Portiunkula erreichte.

Franziskus und seine Brüder erwarteten bereits die adelige Ausreißerin. Und als Zeichen ihrer Hingabe an Gott schnitt Franziskus Klaras Haar und legte ihr ein ärmliches Gewand an!

Eine für unser modernes Verständnis vielleicht etwas schwer nachvollziehbare Geste - aber wie gesagt: Wir befinden uns hier im Mittelalter!!! Und Klara verdeutlichte mit ihr, dass sie dem Leben einer Majores den Rücken zukehrte, um fortan in radikaler Armut - und Christus ähnlich - im Stand einer Minores zu leben!

Und Franziskus?

Nun, der riskierte mit der Aufnahme einer adeligen jungen Frau auch nicht gerade wenig, da bestimmte einflussreiche Oberhäupter der katholischen Kirche geradezu darauf warteten, ihn vielleicht doch noch als Häretiker zu entlarven - also als jemanden, der von der offiziellen Kirchenlehre abweicht ...

Und da es unmöglich war, dass Klara in jener Nacht bei der Brüdergemeinschaft blieb, begleiteten sie ihre neugewonnene Schwester zu den Benediktinerinnen von S. Paolo delle Abbadesse. Denn es würde ja nicht allzu lange dauern, bis Klaras Familie nach der Ausreißerin suchen und alles unternehmen würde, um sie so schnell wie möglich nach Assisi zurückzubringen.

Und so sollte es geschehen!

Klaras Onkel war außer sich vor Zorn, und ihr Versteck erst einmal ausfindig gemacht, kam er gleich mit einer ganzen Gefolgschaft angeritten, um seine Nichte - wenn nötig, auch mit Gewalt - nach Hause zu bringen.

Klara ihrerseits blieb jedoch fest entschlossen die frischgewonnene Freiheit bis zum Äußersten zu verteidigen - und so flüchtete sie vor ihrem Onkel in die Klosterkirche der Abtei, zog mit der einen Hand den Schleier von ihrem kahlgeschorenen Kopf und ergriff mit der anderen das Altartuch!

Tja, und vor so einer Geste musste sich sogar eine einflussreiche Adelsfamilie wie Offreduccio di Bernardino beugen; denn Klara brachte mit ihr zum Ausdruck, dass sie sich verbindlich Gott geweiht hatte und von nun an unter dem mächtigen Schutz der römisch-katholischen Kirche stand!

Zur Erklärung:
Die katholische Kirche - vor allem deren Abteien - hatten im Mittelalter einen unglaublichen politischen Einfluss, sodass Klaras Onkel geradezu gezwungen war, sein Vorhaben aufzugeben, da ihm sonst die Exkommunikation drohte.

Eine perfide Möglichkeit gab es aber dennoch, um das heile Bild der adeligen Familie Offreducio di Bernardino aufrechtzuerhalten!
Die Ausreißerin müsste dazu lediglich ihre gesamte Mitgift dem Frauenkloster stiften und als zukünftige Äbtissin Karriere machen …

Klara verzichtete ihrerseits jedoch nicht nur auf den Adelsstand, sondern auch auf ihr gesamtes Erbe und verbrachte daraufhin im hierarchisch streng geordneten Frauenkloster so unglückliche Tage, dass sie Franziskus aus ganzem Herzen anflehte, sie an einen anderen Ort zu bringen!

Franziskus schenkte Klaras Bitte Gehör und ließ sie kurze Zeit später in Begleitung seiner Mitbrüder Bernhard und Philipp etwas südlich von Assisi nach Sant'Angelo di Panzo bringen, wo eine kleine Anzahl von Frauen in einer neu gegründeten religiösen Gemeinschaft lebte. Aber auch diese konnte Klaras innerste Sehnsucht nicht stillen; selbst als ihre jüngere Schwester Catarina wenige Tage später - unter ähnlich schwierigen Umständen - an diesen abgelegenen Ort flüchtete, um sich ihr anzuschließen!

Der heilige Franziskus suchte Klara und Catarina daraufhin mehrmals auf, um sie zu ermutigen und im Glauben zu stärken, denn in einer inneren Vision erkannte er, dass Klara schon bald in das Kloster von S. Damiano einziehen würde!

Und für alle, die jetzt nicht die Geschichte dazu kennen; hier eine kurze Zusammenfassung:

Eines Tages ging Franziskus in das kleine zerfallene Kirchlein von S. Damiano, um zu beten; und während er betete, hörte er vom Kreuz her Jesus diesen berühmten Satz zu ihm sprechen:

„Franziskus, gehe hin, und baue meine Kirche wieder auf. Siehst Du nicht, dass mein Haus verfällt?" …

Zutiefst ergriffen von dieser himmlischen Botschaft machte sich Franziskus sogleich daran, das verkommene Kirchlein mit dem dazugehörigen Hospiz wiederaufzubauen, welches ursprünglich zur Unterkunft von Pilgern diente, die nach Jerusalem reisten.

Dieses Hospiz sollte jedoch nach deren Wiederaufbau zukünftig nicht mehr den Pilgern sondern Klaras Gemeinschaft dienen, die in S. Damiano sehr rasch wuchs und für damalige Verhältnisse als ein sehr offenes Frauenkloster geführt wurde.

Die Schwestern konnten in die Stadt betteln gehen; sie beherbergten und pflegten die Aussätzigen; und im Glauben Hilfesuchende erhielten sogar in das Innere des Klosters freien Zugang!

S. Damiano war somit ein Ort, an dem das **Diakonat der Frau** - besonders in der Anfangszeit seiner Gründung - auf sehr authentische Art und Weise gelebt wurde.

Dem zuständigen Bischof schien diese „freie" Frauengemeinschaft jedoch auf Dauer nicht sonderlich zu gefallen. Und so nütze er eines Tages die Abwesenheit von Franziskus, um Klara mit vielen „guten" Begründungen ein Leben hinter Gittern aufzubürden.

Das heißt:
Es wurde in dem Gemäuer von S. Damiano ein Gitter errichtet, das die Schwestern gut sichtbar von der Außenwelt abschotten würde. Und dem nicht genug, wurden auch strikte Verhaltensregeln erstellt, die den Frauen vorgaben, wie sie sich zu benehmen hatten. … Und wehe, eine Schwester würde sich unerlaubter Weise diesem Gitter nähern!

Als Franziskus aus dem Heiligen Land zurückkehrte, musste er über diese Neuerung sichtlich enttäuscht gewesen sein, wie uns diese Erzählung schildert:

Franziskus kam in das Kirchlein von S. Damiano, sprach kein Wort, sondern zog einen Kreis aus Asche um sich, während er den Psalm 51, das „Miserere" betete". Danach verließ er im Schweigen und sichtlich geschlagen den Ort ...

Aber worum geht es in diesem Psalm 51? Im Großen und Ganzen geht es in diesem Gebet um die tiefe Erkenntnis der eigenen Schuld und um die flehende Bitte an Gott, von allen Sünden reingewaschen zu werden.

Franziskus glaubte sehr an Klaras Entschiedenheit auf ihrem Glaubensweg. Und so wurde dieses „Klein Beigeben" gegenüber dem Bischof zu einer wirklich großen Herausforderung für ihn, da auch seine Brüdergemeinschaft zunehmend das alte Joch des Gesetzes suchte, anstatt die Freiheit des Evangeliums! Und wer von Euch jetzt die Geschichte des Heiligen Franziskus ein bisschen besser kennt, wird bestimmt auch zu der Erkenntnis gekommen sein, dass er für etwaiges „Fehlverhalten" seiner Glaubensgeschwister prinzipiell bei sich selbst die Schuld suchte, und deswegen wohl den Psalm 51 vor Klara und ihren Schwestern rezitierte.

Franziskus, Franziskus!

Hättest Du in unserer fortschrittlichen Zeitepoche gelebt, bestimmt wärest Du bei einem Psychologen gelandet, der Dir wohl wärmstens empfohlen hätte, sich nicht für das ganze „Übel" der Welt verantwortlich zu fühlen, da dies zu schweren Depressionen führen kann.

Und ja: Franziskus litt tatsächlich in seinen letzten

Lebensjahren unter schweren Depressionen, die ihn eines Tages in La Verna fast den Felsen hinunterstürzen ließen …

Doch Gott ist treu und verlangt nie mehr, als jeder von uns ertragen kann!

Der Herr wusste, dass er Franziskus nicht nur großes menschliches, sondern ebenso großes seelisches Leid zumuten konnte. Und so geschah es, dass Jesus ihm gerade in seiner unerschütterlichen Suche nach der Wahrheit die wohl tiefste Antwort seiner liebenden Gegenwart zuteilwerden ließ.

Ja, gerade in La Verna, wo Franziskus am Tiefpunkt seines Lebens angelangt zu sein schien, prägte Jesus Christus ihm seine eigenen Wundmale ein! … IHM; … der Zeit seines Lebens **ein Diakon** war, und innerhalb seiner Gemeinschaft nicht mehr, als **ein minderer Bruder** sein wollte! Und aus dieser tiefen Begegnung mit Christus heraus, konnte Franziskus schlussendlich auch einen Weg der Versöhnung zu Klara finden.

Warum ich mir da so sicher bin?

Nun, nach seinem Aufenthalt in La Verna ließ Franziskus sich nicht nur schwerkrank in S. Damiano nieder, um seinen berühmten Sonnengesang ´Il cantico delle creature` zu verfassen, nein, er schrieb hier auch einige Briefe an seine Schwester Klara, die jedoch eines Tages - gewollt oder ungewollt - dem Feuer zum Opfer fielen …

Und als Franziskus den Bruder Tod herannahen sah, ließ er sich noch ein letztes Mal auf einer

Tragbahre in die Ebene zu dem Kirchlein Portiunkula hinuntertragen, wo er in der Nacht des 3.
Oktober 1226 verstarb!
Für Klara bedeutete diese Nacht, Abschied von
ihrem größten Verbündeten zu nehmen. Dennoch
gelang es ihr, als einzige Frau in der Kirchenge-
schichte nicht nur eine Ordensregel zu verfassen,
sondern auch deren Bestätigung von Papst Innozenz IV. an ihrem Sterbebett zu erhalten!

Aber warum war das „Privileg der Armut" in der
Ordensregel den beiden Heiligen Franziskus und
Klara so wichtig?
Mehr dazu im nächsten Kapitel!

Eine Kirche für die Armen.

Wenn wir die Geschichte von Klara und Franziskus betrachten, müssen wir uns bewusst machen, dass die katholische Kirche im Mittelalter einen unglaublichen Wohlstand sowie Einfluss in der Politik genoss.

Denken wir dabei nur an die vielen Abteien, die nicht nur ganze Ländereien besaßen, sondern auch über die dort lebenden Bauern - entweder durch einen Abt oder durch eine Äbtissin - ´herrschten`. Eine Ordensgemeinschaft, die sich der Armut verschrieb, war deswegen innerhalb der römisch-katholischen Kirche weder erstrebenswert noch gern gesehen, da sie dem nach der Macht strebenden Klerikalismus einen furchtbaren Spiegel vor Augen hielt! Und zwar den Spiegel eines Königs, der arm werden wollte, um ausnahmslos alle, und nicht nur einige Privilegierte an sein göttliches Herz zu ziehen …

Franziskus und Klara haben es dennoch geschafft, auf die Zeichen ihrer Zeit zu antworten, und inspirieren selbst 800 Jahre später nicht nur viele Gläubige der katholischen Kirche, sondern auch unseren derzeit amtierenden Papst Franziskus I., wenn er sagt:

„Ach, wie sehr wünsche ich mir eine arme Kirche für die Armen!".

Aber wer sind überhaupt diese Armen?

In der Bibel sagt Jesus in der Bergpredigt:
„Selig, die arm sind vor Gott; denn ihnen gehört das Himmelreich". (Mat.5,3)
Und dazu möchte ich Euch eine kleine Geschichte erzählen:

Ein Jugendlicher aus Tschechien war schwer drogenabhängig. Schließlich kam er zu einem Punkt in seinem Leben, wo er nicht mehr weiterwusste, und rief seine Tante an, von der er wusste, dass sie schon Zeit seines Lebens für ihn bete.
Die Tante fuhr sofort zu ihrem Neffen und sagte zu ihm: Ich bitte Dich, sprich dieses Gebet mit mir, und übergib Dein Leben Jesus!
So kniete er in seiner ganzen Armut nieder und folgte dem Rat seiner Tante.
Und während sie beteten, wurde er von der wärmenden Liebe Jesu erfüllt, die ihn in einem Augenblick von jeglichem Drogenkonsum befreite ...
Dieser Jugendliche hatte somit in einem einzigartigen Moment einen Gott kennen gelernt, der ihn trotz seiner Sünden und Lebensnöte bedingungslos angenommen hat!

„Denn der Himmel freut sich mehr über ein verlorenes Schäfchen als um 99 Gerechte, die es nicht nötig haben, umzukehren" ... (Mt. 18, 12-13)

Aber, um jetzt nochmals auf die Ordensregel von Klara und Franziskus zurück zu kommen:

Das Privileg der Armut kirchenrechtlich leben zu dürfen, hatte für sie nicht in sich das Ziel, keinen Besitz zu haben, um arm zu erscheinen.

Nein! Diese Armut wurde für sie lediglich zu einem Hilfsmittel, um sich so wie dieser Jugendliche bedingungslos der liebenden Vorsehung Gottes anzuvertrauen!

Und wenn wir heute auch nicht wissen, wie das zukünftige Bild unserer Kirche aussehen wird, so möge es jedoch von zwei Dingen zutiefst geprägt sein:

Von menschlicher Demut vor Gott, und dem Nächsten!

Wo bist Du, Didaskalia!

Gehen wir in diesem Kapitel noch einmal zurück zu Klara von Assisi und zu einer Episode, die uns vielleicht besser verstehen lässt, warum sie in den meisten künstlerischen Darstellungen mit einer Monstranz in ihren Händen dargestellt wird.

Die Geschichte dazu ist Folgende!

Das Kloster von S. Damiano lag ein Stück außerhalb von den Stadtmauern Assisis entfernt und war alles andere als ein sicherer Ort für alleinstehende Frauen.
Und so geschah es, dass Klara und ihre Schwestern im Jahr 1240 von den Sarazenen überfallen wurden und Ihnen völlig schutzlos ausgeliefert waren.
Zu diesem Zeitpunkt war Klara bereits seit vielen Jahren krankheitsbedingt bettlägerig. Da war aber auch Jesus, den die Schwesterngemeinschaft - verborgen in einer Hostie - in einer kleinen Nische neben ihrem Schlafsaal aufbewahrte.
Schon oft hatte Klara in ihrem Leben Mut bewiesen; doch dieses Mal musste sie sich in ihrer Schwachheit ganz neu auf Jesus einlassen und auf seine Hilfe vertrauen, wenn sie ihre Schwesterngemeinschaft vor einem furchtbaren Massaker retten wollte!

Und so schleppte sie sich mit letzten Kräften die schmale Stiege zur Kapelle hinunter, nahm die Monstranz in ihre Hände und hielt sie den Angreifern entschlossen entgegen!

Auf wundersame Weise wurden die Sarazenen in die Flucht geschlagen und Klara wiederholte diesen Akt des Glaubens sogar ein Jahr später, als Assisi vom kaiserlichen Heer belagert wurde!

Eine andere, interessante Geschichte erzählt uns auch von zwei Brotwundern, die Jesus durch Klara bewirkt haben soll.

Eines davon ereignete sich, als ihre Schwesterngemeinschaft an einer schweren Hungersnot litt und nur noch einen letzten Laib Brot zur Verfügung hatte, um ihren Hunger zu stillen.

Klara bat Gott um seinen fürsorglichen Segen, verteilte an ihre Schwestern in Dankbarkeit das Brot und alle wurden davon satt!!!

Ein weiteres Wunder ereignete sich, als Klara von einer hochrangigen Persönlichkeit der katholischen Kirche besucht wurde, um mit ihr eine Unterhaltung zu führen.

Klara ließ währenddessen die Tische decken und Brot daraufstellen; und nachdem sie das geistliche Gespräch beendet hatten, lud sie den Würdenträger zu Tisch und bat ihn um seinen Segen.

Doch dann geschah etwas für damalige Verhältnisse sehr Außergewöhnliches, da besagter Würdenträger darauf beharrte, dass nicht er, sondern Klara selbst den Segen über die auf den Tischen verteilten Brote sprechen solle ...

Hatte er vielleicht von dem Brotwunder gehört, das Jesus durch sie gewirkt haben soll, als ihre Schwestern nichts mehr zu essen hatten?

Wir wissen es nicht!
Dem damaligen Frauenbild entsprechend schien Klara diese Bitte jedoch äußerst unangenehm zu sein. Aber dem Bischof gehorsam, segnete sie die Brote; und während sie betete, prägte sich auf allen Broten gut sichtbar das Zeichen des Kreuzes ein ...

Das Mittelalter bot Frauen ja grundsätzlich nur wenig Spielraum, um in der Gesellschaft und in der Kirche ernst genommen zu werden. Umso erstaunlicher ist es, dass uns das Alte Testament bezüglich der Rolle der Frau ein völlig anderes Bild vor Augen führt, da man ihr dort sogar ganze Schriftrollen oder Kapitel gewidmet hat!

Ester, Judit, Rebekka und Deborah sind nur einige von ihnen, die dort für ihre Stärke, ihren Mut und ihr Gottvertrauen gepriesen werden – wohl in dem Bewusstsein, dass sie einen ganz wesentlichen Beitrag zur Heilsgeschichte Israels beigetragen haben!

Wäre es da nicht endlich an der Zeit, vonseiten der Kirche mutig die Stimmen zu erheben und auszurufen:
„WO BIST DU, DIDASKALIA!"...

Gott ist Barmherzigkeit.

Wenn wir in den Evangelien lesen, hat sich die Situation der Frau zur Zeit Jesu bereits erheblich verschlechtert!
Unter den Römern wurden jüdische Mädchen oft entführt und als Sklavinnen verkauft; ihre Aussage als Zeugin vor Gericht zählte nicht; und wenn eine Frau des Ehebruches beschuldigt wurde, endete dies nicht selten in einer öffentlichen Steinigung durch die religiösen Anführer …
   Und ein Beispiel dafür findet ihr im Evangelium nach Johannes, Kapitel 8, 2–8,11.

Jesu war gerade im Tempel, als die Pharisäer und die Schriftgelehrten eine Frau zu ihm brachten, die beim Ehebruch auf frischer Tat ertappt worden war.
   Wie würde Jesus wohl darauf reagieren?

Zu ihrer Überraschung begann Jesus (höchstwahrscheinlich) die 10 Gebote Gottes in den Sand zu schreiben und bat die Ankläger, den ersten Stein zu werfen, wenn sie ohne Sünde wären.

Daraufhin ging einer nach dem anderen weg, und Jesus blieb mit der Frau allein.

Und was tat Jesus?

Er verurteilte diese Frau nicht, sondern gab ihr vielmehr jene Würde zurück, die sie in diesem Moment verloren hatte!

Einen anderen aufschlussreichen Einblick in die Kultur der damaligen Zeit kann uns auch die Erzählung über eine andere Frau namens Elisabet geben:

Elisabet war mit dem Priester Zacharias verheiratet und Zeit ihres Lebens kinderlos geblieben. Und diese Unfruchtbarkeit brachte große Schmach und Schande über das Ehepaar, da sie als göttliche Strafe angesehen wurde: als Folge der eigenen Sünde der Frau oder der des Ehemannes.

Die Kinderlosigkeit führte somit nicht nur zu einer geringen Wertschätzung innerhalb der Familie, sondern auch innerhalb der religiös geprägten Gesellschaft! Und da Zacharias und Elisabet bereits fortgeschrittenen Alters waren, hatten sie wohl gelernt, sich mit ihrer hoffnungslosen Lage zu arrangieren.

Dann geschah es aber, dass sich ihr trauriges Schicksal wenden sollte! Zacharias wurde nämlich eines schönen Tages während seines Dienstes im

Tempel von einem Engel aufgesucht, der zu ihm sagte:

„Fürchte Dich nicht, Zacharias! Dein Gebet ist erhört worden. Deine Frau Elisabet wird dir einen Sohn gebären; dem sollst Du den Namen Johannes geben. Du wirst dich freuen und jubeln und viele werden sich über seine Geburt freuen." (Luk. 1,13-14)

Zur Erklärung:
Engelserscheinungen waren für das jüdische Volk eigentlich von je her nichts Ungewöhnliches; ansonsten gäbe es wohl kaum derart viele Berichte über sie in den Heiligen Schriften der Bibel! Erinnern wir uns nur an die Erzählung von Josef aus Nazareth, dem eines nachts im Traum ein Engel erschien, um ihm einen guten Rat zu erteilen (Mt. 1,20).

Josef war mit Maria verlobt; doch in der jüdischen Tradition blieb die Tochter noch ein volles Jahr bei ihrer Familie wohnen, bis sie der Mann als seine Frau zu sich nach Hause nehmen durfte. Nun geschah es aber, dass Maria, genau in dieser Zeit der „Erwartung", durch ein wundersames Eingreifen Gottes schwanger wurde. Und Josef begann sich tatsächlich ernsthafte Sorgen darüber zu machen.

Was war geschehen?
Hatte Maria ihn etwa verraten?

Um seine Ehre zu wahren, hätte er sie - wie schon
erwähnt - in aller Öffentlichkeit vom Volk steinigen
lassen können ...
Eine andere Möglichkeit wäre es gewesen, Maria mit dem unehelichen Kind aufzunehmen und
somit zu adoptieren; oder aber konnte er diese
Verbindung auch lösen, indem er sich in aller Stille
von Maria trennen würde. Und dies schien für Josef wohl die beste Lösung zu sein, wenn er seine
Verlobte nicht bloßstellen wollte (Mt. 1,19).

In unserer Erzählung wird Josef von Nazareth
aber auch als gerecht beschrieben (Mt. 1,29), und
im biblischen Sinne bedeutete dies Folgendes:
Loyalität gegenüber der Familie, Loyalität ge-
genüber dem Volk und Loyalität dem Bund mit
Gott gegenüber, der das Gemeinwohl über das
Eigenwohl stellt.
In diesem Sinne wird Josef in seiner Entscheidung
nicht so sehr an sich selbst gedacht haben, son-
dern vielmehr an Maria, deren unvorhergesehene
Schwangerschaft eine gemeinsame Zukunft in
Nazareth erheblich erschweren würde!
Armer Josef! Wie mag er sich in dieser trauri-
gen Nacht wohl gefühlt haben?

Nicht genug, dass er seine große Liebe Gott zurückgab, befiel ihn gewiss auch ein innerer Zustand des „Nichtverstehenkönnens"!
Doch es gibt da einen Spruch, der lautet:
„Wenn Du glaubst, es geht nichts mehr, dann kommt von irgendwo ein Lichtlein her."

Und in unserer Geschichte dürfte es Josef wohl genauso ergangen sein, als ihm in jener Nacht ein Engel im Traum erschien und zu ihm sagte:
„Josef, Sohn Davids, fürchte dich nicht, Maria als deine Frau zu dir zu nehmen; denn das Kind, das sie erwartet, ist vom Heiligen Geist." (Mt. 1,20)

Maria, seine Verlobte, würde also nicht nur in Treue zu ihm stehen; nein! Seine zukünftige Frau würde auch bald der ganzen Welt den vom jüdischen Volk langersehnten Messias schenken!

Maria, die erste geweihte Diakonin?

Wenn wir daran glauben, dass wir einen Gott haben, der in seiner unermesslichen Liebe bis heute große Wunder tut, dann können wir jetzt in unserer Geschichte weitergehen - und zwar zum Höhepunkt der gesamten Menschheitsgeschichte: der Verheißung der Geburt Jesu (Lk.1,26 – 38)!

Wie bei Zacharias fiel auch hier dem Engel Gabriel die Aufgabe zu, die himmlische Botschaft zu verkünden!

Dieses Mal begrüßte er sein Gegenüber jedoch nicht nur mit einer höflichen Anrede, sondern auch mit einem herzlichen *„Fürchte Dich nicht, Maria, denn Du hast bei Gott Gnade gefunden."*

Und wie reagierte Maria auf all das Unfassbare, das der Engel ihr sagen ließ?

Nun, sie glaubte seiner Botschaft und gab ihm diese für uns moderne Frauen völlig unverständliche Antwort:

„Ich bin die Magd des Herrn; mir geschehe, wie Du es gesagt hast" (Lk. 1,38).

Versuchen wir jetzt einmal diese Aussage von der Tiefe her besser zu verstehen, indem wir die Bedeutung von **Priester** und **Magd** gegenüberstellen.

Die Definition für den **Priester** lautet folgendermaßen:
Er ist ein Mittler zwischen Gott und Mensch; ein mit besonderen göttlichen Vollmachten ausgestatteter Träger eines religiösen Amtes, der eine rituelle Weihe empfangen hat und zu besonderen kultischen Handlungen berechtigt ist.

Die Definition für eine **Magd** wird hingegen so beschrieben:
Sie ist eine zur Verrichtung grober Arbeiten (besonders von Haus - oder landwirtschaftlicher Arbeit) angestellte weibliche Person. Oftmals wurde diese auch gleichgesetzt mit einem Mädchen – einer Jungfrau.

In der Bibel finden wir diesbezüglich leider zu wenige Berichte über Maria, auf die wir uns stützen können. Laut frühchristlicher Tradition wurde sie jedoch in Jerusalem geboren und bereits in jungen Jahren von ihren Eltern Joachim und Anna dem Tempel geweiht, wo sie unter vielen anderen Mädchen sozusagen als **Magd** in den Dienst genommen wurde.

Wie und warum sie nach Nazareth gekommen ist, bleibt auch hier unserer Phantasie überlassen. Faktum ist jedoch, dass Maria den Tempel nach Beginn ihrer Menstruation wieder verlassen musste und ihre Eltern zu diesem Zeitpunkt höchstwahrscheinlich nicht mehr am Leben waren.
Das würde wiederum erklären, dass sie entweder bei Bekannten oder Verwandten ihrer Familie

abermals als **Magd** in Nazareth aufgenommen wurde, um dort im Haushalt und in der Landwirtschaft mitzuhelfen …

Und wie kam es dazu, dass Josef und Maria zueinanderfanden und heiraten wollten?

Die Bibel erzählt uns auch hier nichts darüber, und somit wird dies ein weiteres wohlgehütetes Geheimnis auf Erden bleiben!
In meiner Geschichte haben sich Josef und Maria jedoch während einer Hochzeit in Nazareth kennengelernt!
An Festtagen wie diesen kam nämlich nicht nur das ganze Dorf zusammen; nein! Es lag auch ein ganz besonderer Hauch von Liebe in der Luft, der ihre Blicke wohl zum ersten Mal aufeinandertreffen ließ!
Und dieser Blickkontakt war kein gewöhnlicher, sondern vielmehr die Begegnung zweier Herzen, die dank göttlicher Vorsehung zueinanderfanden!

Um jetzt aber wieder zur Verkündigung des Engels Gabriels zurückzukommen, möchte ich Euch eine ´kleine` Geschichte erzählen, weshalb ich zutiefst davon überzeugt bin, dass Maria durch das wunderbare Eingreifen Gottes zur ersten **Diakonin** im neuen Bund geweiht wurde …

Also: Vor vielen, vielen Jahren wurde ich von einem Priester gebeten, ihn mit einer Pilgergruppe in das südliche Italien zu begleiten, wo auf einem Berg das faszinierende mittelalterliche Städtchen Gargano liegt.

Ziel unserer Pilgerfahrt war jedoch nicht die mittelalterliche Stadt, sondern die am Fuß des Berges liegende Grotte, in der im 5. Jh. n Chr. der Erzengel Michael erschienen sein soll!

Ja, selbst heute gibt es Orte und Menschen, die uns von wundersamen Engelserscheinungen berichten! Das faszinierende an dieser Grotte ist aber, dass sie als einzige Kirche - die sogenannte Erzengelkirche - nicht von Menschenhand geweiht wurde, sondern durch die sogenannte ´Engelsweihe`.

Zur Erklärung:
Die Weihe ist eine rituelle Handlung, durch die jemand oder etwas in besonderer Weise geheiligt oder in den Dienst Gottes gestellt wird.

Diese Grotte ist somit wirklich außergewöhnlich und beeindruckt nach wie vor Pilger aus der ganzen Welt!

Auch Franziskus von Assisi begab sich seinerzeit an diesen besonderen Ort am Fuße des Berges Gargano. Aber von der übernatürlichen Gegenwart Gottes zu tiefst ergriffen wagte er es nicht einmal, das Innere der Höhle zu betreten ... So kniete er demütig an deren Eingang nieder und ritzte ein schlichtes ´T` (= Segenszeichen im Alten Testament) in den Felsen.

War dieser Besuch von Franziskus vielleicht sogar der Beginn einer sogenannten Ritzkultur der Erinnerungen???

Wenn man nämlich die 86 Stufen zur Grotte hinuntergeht, sind die steinernen Seitenwände des

Treppenaufganges nur so übersät von unzähligen Initialen und Jahreszahlen von Besuchern, die sich hier seit jeher zu verewigen suchen ...

Um jetzt aber zu einer anderen Besonderheit dieser Grotte zurückzukommen:
Im Hauptaltar des Heiligtums wurde – so wie in den Kirchen üblich - kein Altarstein mit Reliquien von großen Heiligen eingesetzt, da der Stein der Höhle selbst, als ein Denkmal und als eine Reliquie für die ganzen Welt gelten sollte.
(zur Erklärung: Reliquie kommt aus dem lateinischen und bedeutet: Andenken oder Überbleibsel.)

Aber was hat das jetzt alles mit dem Diakonat von Maria zu tun?

Nun, Maria musste demnach eigentlich noch viel mehr als diese armselige Grotte durch die himmlische Anwesenheit des Engels in Gott geweiht worden sein, um in ihr den wohl tiefsten Abdruck seiner Gegenwart zu hinterlassen: Jesus Christus!

„Und das Wort ist Fleisch geworden, und hat unter uns gewohnt, und wir haben seine Herrlichkeit gesehen, die Herrlichkeit des einzigen Sohnes vom Vater, voll Gnade und Wahrheit."
(1.Johannes 1,14)

Maria stand somit nicht nur ihr ganzes Leben lang **im Dienst** des fleischgewordenen Wortes, indem sie ihm das Leben schenkte und bis zu seinem Tod am Kreuz begleitete. Nein, sie diente ihm auch nach seiner Auferstehung und Himmelfahrt, da sie nicht nur offiziell zu einem Teil der apostolischen Kirche wurde, sondern auch zu einer ihrer wichtigsten Akteurinnen, um den Heiligen Geist auf die junge Christengemeinde herabzurufen.

Maria, Mutter der Kirche.

Als Jesus die Mutter sah und bei ihr den Jünger, den er liebte, sagte er zur Mutter: Frau, siehe, Dein Sohn! Dann sagte er zu dem Jünger: Siehe, deine Mutter! Und von jener Stunde an nahm sie der Jünger zu sich. (Joh. 19, 26-27)

Das waren einige der letzten Worte, die Jesus am Kreuz gesprochen hat und uns erahnen lässt, wie sehr die zukünftige Kirche Maria in ihrem Dienst brauchen würde!

Wäre da nämlich nicht Maria, es würde weder die Menschwerdung Gottes, noch die Erlösung und die Versöhnung mit Ihm durch Jesus Christus geben; es gäbe somit auch keine Auferstehung und keine Hoffnung auf das ewige Leben!

Welcher Reichtum wäre es also für die römisch-katholische Kirche, wenn sie im Hinblick auf Maria die Zulassung der Frau zum Diakonat positiv aufnehmen würde!

Doch eine Entscheidung lässt bereits seit Jahren auf sich warten - trotz des positiven Abschlussdokumentes der 2019 zu Ende gegangenen Amazonas-Synode!

Warum und weshalb lässt sich für mich als Laiin nur schwer beurteilen. Wenn wir jedoch einzelnen kirchlichen Medien Glauben schenken wollen, dürfte über dieses Thema mal mehr und mal weniger diskutiert werden - in der Hoffnung, dass sich dieses „Problem" vielleicht irgendwann von selbst lösen würde.

    Dazu ein Beispiel:
Vor vielen Jahren führte mein Weg des Öfteren in ein bischöfliches Diözesanhaus.
Doch da die für mich zuständige Person immer in einer wichtigen Besprechung festgehalten wurde, hieß es für mich - trotz vereinbarten Termins: warten, warten und abermals warten ...
    Ja, ich würde besagte Besprechungen, aus eigener Erfahrung heraus, sogar mit einem guten Essen vergleichen, welches auf einer wunderschönen Tafel angerichtet so lange von den Gästen betrachtet und analysiert wird, bis es schließlich kalt wird - oder schlimmer noch: verdirbt!

Frauen und die Verkündigung.

Ich, und der Führerschein?
Das lag tatsächlich im entferntesten Sinne meiner Vorstellungskraft! ...

Warum?

Nun, ich bin ja in relativ jungen Jahren in eine religiöse Gemeinschaft in Italien eingetreten, wo ein Papier wie dieses - einschließlich Aufwand und Kosten - wohl mehr als unangebracht gewesen wäre!
Ich meine: ich führte ein zurückgezogenes Leben hinter Klostermauern; und auch wenn ich des Öfteren die Niederlassung innerhalb Italiens verlassen musste, dann reichten die Zug- und Schiffsverbindungen völlig aus, um von A nach B zu gelangen.

Mit 30 sollte sich meine Unbeschwertheit diesbezüglich jedoch ändern, da ich einige Jahre nach meinem Austritt aus dem Kloster eine Ausbildung zur Heimhelferin absolviert hatte und plötzlich kein Weg an einem Führerschein vorbeiführte.
Und so betrat ich eines schönen Tages die Fahrschule mit einem etwas mulmigen Gefühl in der Magengegend - schließlich war ich auf dem Weg, mich für einen Kurs an zu melden, der ja zu 99,9 %

von Jugendlichen gebucht wurde!

Doch dann ... Überraschung!!!!
Mein Fahrschullehrer war nicht nur ein super netter und cooler Typ; nein! Er war auch ein überzeugter Protestant, der richtig stolz zu sein schien, einer mittelalterlichen und einigermaßen überzeugten Katholikin das Fahren beibringen zu dürfen.

Und so kam es, dass meine etwas chaotischen Fahrstunden immer wieder von sehr unterhaltsamen und interessanten Glaubensgesprächen begleitet wurden ...

Ich hatte bereits einige Praxisstunden hinter mir und fühlte mich schon relativ sicher beim Fahren; da meinte mein Fahrschullehrer aus heiterem Himmel zu mir:

„Also jetzt sag` mal ehrlich, Michil Dass Gott in einem Mann Mensch geworden ist, das war ja wohl eine fünfzig/fünfzig Chance, nicht wahr? ...

Mit dieser Frage fühlte ich mich geradezu überrumpelt; und da ich mich ja eher auf das Fahren konzentrieren sollte, als darauf gescheite Antworten zu geben, sagte ich spontan:

„Naja, weißt Du, der liebe Gott wird sich das schon ganz gut überlegt haben, warum er als Mann zu uns kommen wollte! Schließlich hat er ja den Mann auch als Erstes erschaffen."

Mein Fahrschullehrer:
„Ja, und? Was hat das jetzt bitte mit der Frau zu tun?"

Ich:
„Naja, der Herr hat ja dann ohnehin den besten Teil vom Mann genommen, damit er in der „Form" einer Frau ein schönes und ebenbürtiges Gegenüber bekommen würde."

Mein Fahrlehrer lacht:
„Ja, und warum gibt es dann bis heute keine Gleichberechtigung zwischen Mann und Frau bei Euch in der katholischen Kirche?".

Ich:
„Weil sich der Mann seit dem Sündenfall offensichtlich als Herrscher versteht und die Frau als diejenige, die sich ihm zu untergeben hat.
Jesus wollte das ohnehin ändern, aber: ob in der Kirche oder in der Welt! Diese Botschaft scheint noch immer nicht bei uns angekommen zu sein!"...

Mein Fahrschullehrer sah mich daraufhin mit großen Augen an und sagte:
„Mein Gott, woher hast Du das Alles bloß? Weißt Du, meine Frau gehört ja auch Deiner Kirche an, aber mit ihr brauch ich erst gar nicht anfangen zu diskutieren!" ...

Resümee der Geschichte:
Nach der ersten Prüfung bin ich völlig zu Recht durchgefallen, aber, um es auf den Punkt zu bringen:
Auch die Apostel hatten so ihre Schwierigkeiten mit der Klugheit und der daraus entspringenden Emanzipation der Frau, die Jesus allerdings von Anfang an ermöglichen und fördern wollte.

Erinnert Euch dabei nur an das Evangelium nach Matthäus 28, 1- 8, oder an das Evangelium von Markus 16, 1- 8.

In diesen Erzählungen inspirierte der Heilige Geist einige mutige Frauen, sich nach der Sabbatruhe - trotz vieler Gefahren - zum Grab Jesu zu begeben, um seinen Leichnam nach jüdischer Tradition zu salben!

Und was geschah dann?

„Die Frauen gingen in das Grab hinein und sahen auf der rechten Seite einen jungen Mann sitzen, der mit einem weißen Gewand bekleidet war; da erschraken sie sehr. Er aber sagte zu ihnen: Erschreckt nicht! Ihr sucht Jesus von Nazareth, den Gekreuzigten. Er ist auferstanden; er ist nicht hier."

Unter den Frauen war auch Maria Magdalena, die, überwältigt von dieser Nachricht, sofort zu den verängstigten Anhängern Jesu eilte, um ihnen die frohe Botschaft zu überbringen!
Aber - wie schon einmal in diesem Büchlein erwähnt - galt das Zeugnis einer Frau vom jüdischen Gesetz her nicht; und auch die Apostel hatten so ihre Zweifel, ob man ihrer Aussage Glauben schenken könne ...

Verwundert es da etwa, dass es bis heute immer wieder zu Aufständen und Protesten kommt, um auf die Benachteiligung ihrer Grundrechte aufmerksam zu machen!
Blicken wir in diesen Tagen doch nur auf Afghanistan und auf so viele andere Nationen, in denen

die Frauenrechte geradezu mit den Füßen in den Boden getreten werden!

Und, wie sieht es in der katholischen Kirche bezüglich der Frauenrechte aus?

Nun, wenn die Kirche etwas hat, dann hat sie diesbezüglich offensichtlich noch mehr Zeit!!!

Das II. Vatikanische Konzil in den 60er-Jahren hat zwar maßgeblich dazu beigetragen, den Laien - unabhängig von Herkunft, Ausbildung und Geschlecht - einen wichtigen Platz in der Kirche einzuräumen. Das ging aber auch nicht von heute auf morgen, sondern war nur der Anfang eines langwierigen Prozesses.

Dazu einige Beispiele:

1969 promovierte zum ersten Mal eine Frau (Helen Schüngel-Straumann) im Fach Altes Testament an der Katholisch-Theologischen Fakultät in Bonn, obwohl die Promotionsordnung vorsah, dass für einen Doktor der Theologie eigentlich der Empfang einer höheren Weihe (= Priester) Voraussetzung war.

Ebenso war die Zulassung von Mädchen zu Ministrantinnen ein jahrzehntelanger Streitfaktor, da dieser Dienst vielerorts als Vorstufe oder Vorbereitung für Jungen zum Priestertum wahrgenommen wurde.

Am 11. Juli 1992 bestätigte jedoch Papst Johannes Paul II., dass der Kanon 230 so zu interpretieren sei, dass auch Mädchen am Altar dienen dürfen.

Die trennende Mauer zwischen „Geistlichen und - vor allem - weiblichen Laien" schien also allmählich dünner zu werden; denn abgesehen von den Ministrantinnen, stehen heutzutage auch Lektorinnen, Kantorinnen und Kommunionshelferinnen im liturgischen Dienst der Kirche.

Sehr begrüßt wird dies auch von unserem derzeit amtierenden Papst Franziskus I., der in seinen Reden bereits einige Male hat durchklingen lassen, dass er diesbezüglich eine nachhaltige Veränderung herbeisehnt.

Die Betonung liegt aber darauf, dass es hier nicht um eine „politische Veränderung" innerhalb der katholischen Kirche gehen sollte, in der lediglich eine gerechte Machtzuweisung der verschiedenen Geschlechter bestimmt wird. Nein! Hier geht es vielmehr darum, ein tieferes Verständnis über die Würde der priesterlichen Frau innerhalb der katholischen Kirche zu erlangen!

„Gott sieht nämlich nicht auf das, worauf der Mensch sieht. Der Mensch sieht, was vor den Augen ist, der Herr sieht aber das Herz." (1. Samuel 16. 7)

Maria und die Seligpreisung.

In diesem Kapitel würde ich gerne mit dem Lobgesang von Maria beginnen, den sie - vom Heiligen Geist erfüllt - im Haus ihrer Cousine Elisabet gesungen hat! (Lk. 1,46b-55).

„Meine Seele preist die Größe des Herrn, und mein Geist jubelt über Gott meinen Retter. Denn auf die Niedrigkeit seiner Magd hat er geschaut. Siehe, von nun an preisen mich selig alle Geschlechter. Denn der Mächtige hat Großes an mir getan und sein Name ist heilig."

Maria gibt uns hier ein wunderbares Zeugnis davon, auf welch unzertrennliche Art und Weise unser Körper mit seiner Seele (= Psyche) und mit seinem Geist verbunden ist! Denn in ihrer **Seele** preist sie die Größe des Herrn und jubelt im **Geist** über ihren Retter: in der tiefen Erkenntnis darüber, dass der Herr unvorstellbar Großes in ihrem **Körper** bewirkt hat: Die Menschwerdung Gottes!

Stellen wir uns vor, dass Maria - so wie viele in Israel - voller Sehnsucht auf das Kommen des Messias gewartet haben muss; und nun sollte sich tatsächlich in ihr diese wunderbare Prophezeiung von Jesaja erfüllen:

„Darum so wird euch der HERR selbst ein Zeichen geben: Siehe, eine Jungfrau ist schwanger und wird einen Sohn gebären, den wird sie heißen Immanuel" (Jesaja 7,14).

Wer aber war diese junge Frau Maria aus Nazareth?

Die Bibel gibt uns, wie schon erwähnt, leider äußerst wenig Auskunft darüber. Deswegen hat man oftmals zu den Apokryphen und dem Protoevangelium des Jakobus zurückgegriffen, da dort einige Episoden aus dem Leben Marias erzählt werden und in der Tradition der Kirche und in der Volksfrömmigkeit ihren berechtigten Platz gefunden haben.

Dazu zählen z. B. der Gedenktag von Joachim und Anna, den Großeltern Jesu; oder jener der Tempelweihe von Maria in Jerusalem, wo sie bis zu ihrer Geschlechtsreife im Dienst gestanden haben soll.

Ebenso ist die 4. Kreuzwegstation, an der wir einer Begegnung zwischen Maria und Jesus gedenken, eine außerbiblische Erzählung; und auch die vom großartigen Künstler Michelangelo in Stein gemeißelte Pietà ist Frucht dieser nach und nach entstandenen christlichen Tradition.

Wie auch immer Marias Geschichte und Leben ausgesehen haben mag, von Nazareth ausgehend bis zur Kreuzigung ihres Sohnes in Jerusalem war ihr Glaubensweg bestimmt kein leichter und mit vielen Erniedrigungen verbunden!

Gott selbst würde ihr diese Anerkennung jedoch
zu gegebener Zeit zukommen lassen, da Maria
im 2. und im 3. Vers des Magnifikats prophetisch
ausruft: „Denn auf die Niedrigkeit seiner Magd hat
er geschaut. Siehe, von nun an preisen mich selig
alle Geschlechter.
Denn der Mächtige hat Großes an mir getan und
sein Name ist heilig." (Lk. 1, 48-49)

Ein für unser Verständnis vielleicht sehr eigenartiger Lobpreis, den ich hier jedoch wegen dessen großer Bedeutung in kurzen Worten beschreiben möchte:

Der Begriff „selig" lässt sich am besten mit „glücklich" umschreiben. Und Jesus gibt uns in seiner Bergpredigt (Mt. 5,3-11) den besten Einblick, wie wir unser wahres Glück hier auf Erden finden können:

Selig, die arm sind vor Gott ...
Selig, die Sanftmütigen ...
Selig, die hungern und dürsten nach der Gerechtigkeit ...
Selig, die Barmherzigen ...
Selig, die rein sind im Herzen ...
Selig, die Frieden stiften ...
Selig, die verfolgt werden um, der Gerechtigkeit willen ...
Selig seid ihr, wenn man euch schmäht und verfolgt und alles Böse über euch redet um meinetwillen.

Eine unglaubliche Tiefe steckt in diesem Text,

der uns erahnen lässt, dass sich in Maria all diese Seligpreisungen zur Gänze erfüllt haben müssen.

Und, wenn ich nur eine weitere hinzufügen darf, dann ist es jene, die ihre Cousine Elisabet ausgesprochen hat:

„Selig, die geglaubt hat, dass sich erfüllt, was der Herr ihr sagen ließ."   (Lk. 1,45)

Josef, ein alter Mann?

Gehen wir in diesem Kapitel jetzt weiter mit einer anderen sehr bewegenden Geschichte, die uns von der Bibel erzählt wird …

Als Maria kurz vor der Geburt ihres Sohnes stand, erging plötzlich der Befehl von Kaiser Augustus an sein ganzes Reich, sich in Steuerlisten eintragen zu lassen.
Dies bedeutete wiederum, dass jeder Bürger in seine Herkunftsstadt reisen musste, um sich dort mit seiner Familie in besagte Liste eintragen zu lassen.
Und so zog Josef mit Maria, seiner Verlobten, nach Betlehem hinauf, da er aus dem Haus und Geschlecht Davids stammte (Lk. 2,1-4).
Das Ziel erreicht mussten sie jedoch bald zur Kenntnis nehmen, dass viele andere Bürger mit dem gleichen Vorhaben in das kleine Städtchen gekommen waren, und Betlehem für einen menschlichen Ansturm wie diesen wohl kaum gerüstet war!

Maria und Josef kamen zu spät, sodass sie in keiner der Herbergen einen Platz finden konnten. Schon gar nicht, wenn offensichtlich gerade eine Geburt bevorstand …
Ein Wirt erbarmte sich der beiden dennoch

und gewährte Josef und Maria einen Platz in einer Grotte, die ihm als Stall für seinen Ochsen gedient haben musste. Und so geschah es, dass Gottes eingeborener Sohn in diese ganze Armut hineingeboren wurde!

Da war kein Palast; es gab keinen Komfort und es gab auch keine verschlossenen Türen! Da war lediglich ein kleines armes Kind, in dem der ganze Reichtum des Himmels verborgen lag, damit die Menschheit ihre Furcht vor dem allmächtigen Gott verlieren würde!

Das wirklich traurige an dieser Geschichte ist aber, dass es jemanden gab, der die Geburt dieses Messias abgrundtief fürchtete: Und das war der große König Herodes I., der zu jener Zeit in Jerusalem über Judäa regierte.

Er war ein äußerst jähzorniger und grausamer Herrscher, der nicht einmal davor zurückschreckte, seine eigene Frau, deren Bruder und zwei seiner Söhne aus purer Eifersucht heraus töten zu lassen.

Nun geschah es aber, dass gerade in Herodes letzten Herrscherjahren sogenannte Sterndeuter von weither angereist kamen und ihm von der Ankunft eines großen Königs berichteten, der in Judäa geboren worden sein sollte. Sie hätten dessen besonderen Stern am Himmel aufgehen sehen, und nun wären sie gekommen, um diesem neuen König zu huldigen!

Herodes war nach dieser Nachricht völlig außer sich und veranlasste kurze Zeit später in der ganzen Umgebung von Betlehem einen schrecklichen Kindesmord, bei dem alle Knaben bis zum 2.

Lebensjahr im wahrsten Sinne des Wortes dahin-
geschlachtet wurden ...

Und wie kam es, dass Jesus diesem ganzen
Schrecken entgehen konnte?

Nun, nachdem die Sterndeuter Maria und Josef
mit dem Kind in Betlehem gefunden und Jesus
mit ihren wertvollen Gaben gehuldigt hatten, war
es wieder ein Engel, der Josef im Traum befahl:
*„Steh auf, nimm das Kind und seine Mutter und
flieh nach Ägypten; dort bleibe, bis ich Dir etwas
anderes auftrage, denn Herodes wird das Kind
suchen, um es zu töten. (Mt. 2,13)*

Zur Erklärung:
Die Geburtsgrotte liegt gerade einmal einige
Stunden Fußmarsch von Jerusalem entfernt; - der
Ort Rafah in Ägypten, wohin Josef mit Maria und
Jesus als erstes geflüchtet sein dürfte, lag hingegen etwa 100 km von Betlehem entfernt! Und
bis Herodes sich dessen bewusst wurde, dass
die Sterndeuter wohl nicht zu ihm zurückkehren
würden, um ihm den Wohnort des neuen Königs
zu verraten, hatte Josef mit seiner Familie bereits
einige Tage an Vorsprung gewonnen, um die Ge-
fahrenzone verlassen zu können.

Historisch belegen lässt sich in der Bibel vielleicht nicht immer alles zeitgenau; aber Faktum
ist, dass Josef und Maria in jener Nacht genügend
weit von Betlehem entfernt waren, um nicht Opfer
dieser grausamen Tat des judäischen Herrschers
zu werden!

Und am vierundzwanzigsten Tag des koptischen Monats Bashans, der dem ersten Juni entspricht, feiert die koptische Kirche den Einzug des Herrn Jesus Christus in das Land Ägypten mit diesen berührenden Worten:

Freue dich, o Ägypten; o Volk von Ägypten und all Deine Kinder von Ägypten, die innerhalb Deiner Grenzen leben, freuet Euch und erhebet Eure Herzen, denn der Geliebte der ganzen Menschheit ist zu euch gekommen, er, der vor dem Anfang aller Zeiten gewesen ist.

Die Heilige Familie blieb daraufhin so lange in Ägypten, bis Herodes wenige Jahre später verstarb. Und wieder war es ein Engel des Herrn, der Josef im Traum erschien und zu ihm sagte:

„Steh auf, nimm das Kind und seine Mutter und zieh in das Land Israel; denn die Leute, die dem Kind nach dem Leben getrachtet haben, sind tot." (Mt. 2,19-23)

Josef zog mit Maria und Jesus nach Nazareth zurück, und es bleibt wohl wieder einmal unserer Fantasie überlassen, wie die Bewohner sie nach all diesen Jahren willkommen geheißen haben mögen ....

Was mir an dieser Geschichte aber besonders zu denken gibt, ist, dass die Bibel uns fast nichts von der Kindheit und Jugendzeit Jesu berichtet! Die Bibel erzählt uns auch nicht viel über Maria; und: die Bibel erzählt uns auch nicht viel mehr über Josef, außer, dass er durch seine Träume das ganze Geschick von Maria und Jesus wie ein guter Hirte leitete.

Josef!
Ein Zimmermann und kein **Hohepriester**? Obwohl, aus dem Geschlecht David stammend?

Ja, man sollte es kaum glauben; aber gerade er wurde von Gott auserwählt, Jesus und Maria nicht ´nur` zu behüten, sondern sie auch aus ganzem Herzen zu lieben, zu führen und zu begleiten!

Und bitte!!! ... Dass Josef – unserer kirchlichen Tradition nach - ein alter und gebrechlicher Mann gewesen sein soll, scheint mir wohl eher einer „frommen" Vorstellung entsprungen zu sein als der Realität! Schließlich musste Josef mit Maria und Jesus während der 3 Jahre andauernden Flucht einen etwa 2.000 km langen Fußmarsch zurücklegen, da sie einmal mehr und einmal weniger als jüdische Familie gastfreundlich aufgenommen wurden und niemandem so recht trauen konnten. Dem nicht genug waren sie je nach Jahreszeit nicht nur Hitze, Kälte und Hunger ausgeliefert; nein! Sie mussten auch in der ständigen Furcht vor Räubern und mit der bedrückenden Ungewissheit leben, wie es wohl in Zukunft mit ihnen weitergehen würde.

In Anbetracht dessen wird uns hier ein Familienbild nähergebracht, das viele unserer frommen Vorstellungen völlig über den Haufen werfen könnte!
Und diese möchte ich hier kurz für Euch zusammenfassen.

Also: Wir haben hier eine Jungfrau namens Maria, die auf übernatürliche Weise Gottes Sohn empfangen hat.
Wir haben hier einen Zimmermann namens Josef, der mit Maria entweder langzeitverlobt oder doch zumindest dem Namen nach verheiratet war.
Und wir haben hier Jesus, Gottes einzigen Sohn, der außer seiner Mutter und seinem Ziehvater anscheinend auch Brüder und Schwestern gehabt haben musste (Mt. 12, 46-50).

Manche Theologen sind ja der Meinung, dass es sich - der damaligen Sprache gemäß - um Cousinen und Cousins von Jesus handeln würde; andere bestehen wiederum darauf, dass die Bibel ganz klar von seinen leiblichen Geschwistern spricht; und noch eine andere Gruppe schwört darauf, dass Josef verwitwet war und besagte Brüder und Schwestern wohl aus seiner vorhergehenden Ehe stammen würden.

Wie auch immer!
Die ganze Familiensituation scheint in jeder ihrer möglichen Ausführungen eine ziemlich komplizierte gewesen zu sein.
Aber: Bei Gott ist eben nichts unmöglich; und in diesem Sinne möchte ich jetzt mit Euch zum nächsten Kapitel weitergehen.

Maria, die Mutter Jesu.

Die Erzählungen der Evangelien haben eines gemeinsam: Sie überspringen mehr oder weniger 30 Jahre Lebensgeschichte von Jesus, und fokussieren sich lediglich auf die letzten 3 Jahre seines öffentlichen Lebens und Wirkens!

Auf der einen Seite ist das extrem schade; aber auf der anderen Seite verwundert es auch nicht, da Jesu übernatürliche und heilende Kraft gerade in diesem kurzen Zeitabschnitt ganz vielen Menschen zu teilwurde und uns einen besonders tiefen Einblick in seine Mission hinterlassen hat!
Ja, es gibt unzählige berührende Berichte, aber um einen davon hervorzuheben, möchte ich Euch jetzt die Geschichte von der Hochzeit zu Kana mit kurzen eigenen Worten nacherzählen.

Also: Die Jünger waren mit Maria der Mutter Jesu zu einer Hochzeit eingeladen, und es war ein wunderschönes Fest der Freude.
Doch dann geschah es, dass der Wein zu Ende ging; und das war zu jener Zeit wirklich eine Katastrophe für die Eltern eines Brautpaares! Maria war aber stets aufmerksam für die Not anderer, und sie fühlte Mitleid diesem Brautpaar gegenüber.
Vielleicht erinnerte sie dieser besondere Moment auch an ihre übernatürliche Schwanger-

schaft und an all die anderen vielen Wunder, die Gott in ihrem Leben vollbracht hatte. Und so ging sie tief entschlossen zu ihrem Sohn und sagte in aller Demut zu Jesus:

„Siehe, sie haben keinen Wein mehr."
Jesus sah sie an und antwortete seiner Mutter (der ursprünglichen Übersetzung nach):

„Was ist mit Dir und mit mir, Frau. Siehe meine Stunde ist noch nicht gekommen."
Maria aber sagte zu den Dienern:

„Füllt die Krüge mit Wasser und tut was er euch sagt".
Und was tat Jesus?

Er erhörte die Bitte seiner Mutter, die den Dienern sogleich befahl, die steinernen Krüge mit Wasser zu füllen.
Und Jesus sagte zu ihnen:

„Schöpft jetzt und bringt es dem, der für das Festmahl verantwortlich ist!"
Dieser kostete das Wasser, das zu Wein geworden war und sagte zum Bräutigam:

„Jeder setzt zuerst den guten Wein vor und erst, wenn die Gäste zu viel getrunken haben, den weniger guten. Du jedoch hast den guten bis jetzt aufbewahrt."

Was für eine berührende Geschichte, die ihr bei Interesse gerne in Johannes 2, 1-12 nachlesen könnt und uns in gewisser Hinsicht erahnen lässt, dass die Beziehung zwischen Jesus und seiner Mutter eine ganz besondere gewesen sein musste.
Wisst Ihr; in der Bibel finden wir tatsächlich keine einzige Stelle in der Maria von Jesus als Mutter

angesprochen wird, aber ich denke hierfür zumindest ansatzweise eine Erklärung gefunden zu haben.

Frau heißt im Hebräischen übersetzt: isha.
Und wenn wir dieses Wort näher betrachten, wurde Isha von Ish, dem Mann abgeleitet; und bildet zu ihm ein Gegenstück, das da bedeutet: Zerbrechlichkeit und Zartheit.
Interessanterweise schwingt in diesem wunderschönen biblischen Namen für „Frau" auch das Wort Feuer (Esh) mit!

Jesus wollte also mit der Bezeichnung Frau seine Mutter nicht erniedrigen, sondern vielmehr ihre Berufung bestärken und bekräftigen, die da bedeuten würde:
In Dir, der zerbrechlichsten und zartesten Kreatur Gottes, brennt ein unbezwingbares Feuer, das Feuer meines Heiligen Geistes!
Und Jesus hat dies nochmals am Kreuz verdeutlicht, indem er seinem Lieblingsjünger Johannes Maria als Mutter anvertraut hat.

„Als Jesus die Mutter sah und bei ihr den Jünger, den er liebte, sagte er zur Mutter: Frau, siehe, dein Sohn! Dann sagte er zu dem Jünger: Siehe, deine Mutter! Und von jener Stunde an nahm sie der Jünger zu sich." (Joh. 19,26-27)

Maria wurde somit – wie schon in diesem Büchlein erwähnt - nicht nur ein ganz wichtiger Teil der bestehenden Jünger-Gemeinschaft; vielmehr wurde sie in diesem Moment auch dazu bestimmt, die Mutter einer heranwachsenden Kirche zu werden, die nicht nur in ihren Geburtswehen lag, sondern schon bald den Heiligen Geist empfangen würde.

Ist das nicht ein wunderbares Beispiel dafür, die Bedeutung der Frau innerhalb der Kirche nicht nur liebevoll anzuerkennen, sondern in diesem Sinne auch wertzuschätzen?
Ja - auf der einen Seite haben wir hier den hl. Petrus, auf dessen wunderbaren Menschlichkeit Jesus seine Kirche gründen wollte; und dann ist da eben auch Maria, die Mutter Jesu, der diese Kirche im spirituellen Sinne anvertraut worden ist!

Aber, was machen wir jetzt daraus? ...